Ziele setzen und erreichen

-

Entwickeln Sie den ultimativen Zyklus des Erfolges und ziehen Sie ihre Träume in die Realität

I0489073

Inhaltsverzeichnis:

Einleitung

Kapitel 1: Der Unterschied zwischen Träumen und Zielen

Kapitel 2: Warum sind Ziele wichtig?

Kapitel 3: Wie man sich richtige Ziele setzt

Kapitel 4: Wie man seine Disziplin und den Fokus hoch hält

Kapitel 5: Wie man mit positiven und negativen Angewohnheiten umgeht

Kapitel 6: Wie Sie Ihre Ziele und deren Prozess reflektieren

Kapitel 7: Was tun, wenn ein Ziel erreicht ist?

Schlusswort

Einleitung

Manchmal geraten wir mit unseren Zielen und Träumen durcheinander. Wir denken, dass unsere Träume auch unsere Ziele sind und dass wir uns darauf konzentrieren sollten. In einigen Hinsichten haben unsere Träume Einfluss auf unsere Ziele, aber sie sind nicht alles. Beide Bezeichnungen sind ziemlich verschieden, was aus einer signifikanten Lücke zwischen den Bedeutungen hervorgeht.

Ziele werden generalisiert als Ambitionen von Menschen definiert. Was sie werden wollen, wie man sich selbst in der Zukunft betrachtet. Sie können verfolgt und erreicht werden – mit harter Arbeit und personellem Willen.

Auf der anderen Seite sind Träume als Inspirationen erklärt, die ein Mensch haben kann. Was inspiriert eine Person, so und nicht anders zu werden? Wie sieht genau diese Person die eigene Karriere unter verschiedenen Gesichtspunkten?

Der Unterschied von beiden Bezeichnungen ist klar, aber beide sind verknüpft und im realen Leben oft miteinander vertauscht. Träume und Ziele können die abstrakte Form voneinander sein. Wenn jemand seine Träume verfolgt, kann er sicher auch die Chance bekommen, seine Ziele zu erfüllen. Andersherum kann ein Jemand, der seine Ziele zu erfüllen versucht, auch die Möglichkeit bekommen, seinen Träumen zu folgen.

Die dafür nötige Motivation, um also beide Erscheinungsformen zu kombinieren, ist immer von der Person und dem daraus resultierenden Erfolg abhängig. Wenn Sie genügend motiviert sind, dann werden Sie in der Lage sein, Ihre Ziele zu erhaschen.

In diesem Ratgeber werden Sie verstehen, worin der gänzliche Unterschied zwischen Träumen und Zielen liegt und wie Sie diese erreichen können. Welche Einflüsse haben Ihre Ziele auf Ihr Leben? Und wie affektieren Ihre Träume auf Ihren Verstand? Sie werden dazu bereit sein, eigene, positive Verhaltensweisen zu entwickeln und Negative von sich fern zu halten. Sie werden ebenfalls lernen, wie Sie Ihre Ziele in Ihre Karriere einlaufen lassen, damit Sie zu Erfolg kommen und selbstbestimmt handeln. An sich werden sie auch begreifen, wie Sie diese Ziel-Verfolgungstaktik letztendlich in alle Lebensbereiche ausweiten können, um Ihr Leben zu verbessern.

Kapitel 1: Der Unterschied zwischen Träumen und Zielen

Generell wird oft gesagt, dass Träume sehr selten wahr werden. Natürlich ist das öfter der Fall, als dass sie wahr werden. Normalerweise werden sie nämlich nicht wahr. Es sind die Ziele, die das eigene Leben für immer verändern. Ziele haben die Kraft, das zu erreichen. Es dauert lang, diese zu erlangen, aber sie bilden den Willen und die Motivation, die einen hart (an sich) arbeiten lassen.

Vertauschen Sie Träume und Ziele nicht!

Träume zu bekommen ist einfach, es kostet nichts und es gibt keine Grenzen des Möglichen. Jeder kann Träume im geistigen Auge vor sich sehen. Es gibt natürlich sehr unrealistische Träume, die kaum oder gar nicht zu erreichen sind und trotzdem wahrgenommen werden können. Auf der anderen Seite sind Ziele realistischer und geben uns die Motivation und Kraft, weiterzumachen. Träume hingegen sind ausgedacht und imaginär. Sie produzieren normalerweise keine vernünftigen Resultate. Man muss diese Träume in Aktion bringen, man muss Ziele als Vision sehen, seine Träume zu verwirklichen.

„Träume inspirieren Sie, aber Ziele verändern Ihr Leben."

Ziele sind also etwas Aktives. Sie realisieren Träume, verändern Sie und Ihr Leben.
Was genau benötigt man aber, um diese Träume in der Realität zu leben? Warum sehen wir Träume als illusionistisch, Ziele hingegen als real an? Warum sind meistens nur Träume unerreichbar, wohingegen Ziele nach dem Erreichen zu Erfolg führen? Hier sind 10 genaue Unterschiede zwischen Zielen und Träumen:

1. Träume sind imaginär:

Sie können davon träumen, Superman oder Wonderwoman zu werden, aber das wird nicht eintreffen. Träumerei hat sehr viel mit Fantasie und Gedankenspielen zu tun. Ziele können auch sehr hoch gesteckt sein, sind aber nicht unnatürlich hoch.

2. Ziele sind real:

Als Ziele deklarierte Sachverhalte sind real existent. Träume sind nur Sachen, über die man nachdenkt - oder die man sich wünscht. Oft passieren sie unterbewusst, zum Beispiel im Schlaf, wenn das Unterbewusstsein Informationen verarbeitet. Ziele sind also reeller und erwarten auch einen gewissen Aktionismus.

3. Deadline:

Ziele müssen eine Deadline (engl. für Abgabetermin/ -frist bzw. Sachen, die zeitlich begrenzt sind) haben, da es ein gewisses Zeitlimit zu erfüllen gibt. Allgemein scheinen sie oft zielstrebig erreichbar zu sein.

4. Träume sind nicht begrenzt:

Träume hingegen können ewig existieren und wachsen. Viele Menschen verfolgen oder versuchen sich an einem Lebenstraum, der im Endeffekt noch immer nicht erfüllt sein muss. Es gibt also kein zeitliches Limit.

5. Ziele fordern ihren Preis:

Ziele kommen immer mit einem gewissen Preis daher, der natürlich nicht immer materieller Natur sein muss. Meistens besteht der Preis aus Zeit, Anstrengung und Schweiß. Ziele erfordern harte Arbeit, manchmal auch Geld und Können. Nicht alle Menschen haben überhaupt Ziele – oder Ziele, die es zu verfolgen lohnt.

6. Träume sind frei:

Träume hingegen sind immer kostenfrei, Träume brauchen weder Anstrengung noch viel Zeit, denn träumen ist leicht, weshalb es auch umso unrealer ist.

7. Ziele produzieren Resultate:

Wenn Sie einmal beginnen, Ihre Ziele zu verfolgen, an sich und auch an anderen Dingen zu arbeiten, dann wird dies Resultate verursachen. Je nach Anstrengung, Zeitaufwand und Verschiedenartigkeit des Ziels fallen die Resultate selbst beim gleichen Ziel unterschiedlich aus. Ein gewisser Fokus muss bestehen, damit Ziele konsequent verfolgt werden können.

8. Geträumtes wird kaum umgesetzt:

Träume sind eher mystisch und nur sehr selten folgt aus ihnen etwas in der Wirklichkeit. Es fehlt der Fokus auf das Gewollte, da Träume oft variieren und stetig verändert werden können. Auf das richtige Träumen bezogen passieren auch nicht selten irreale Dinge, die in der Wirklichkeit natürlich nicht umgesetzt werden können.

9. Ziele erweitern Ihre Mentalität:

Ziele erfordern je nach Härte verschiedene Fähigkeiten und Kenntnisse. Nach geraumer Zeit können erworbenes Können und Zielstrebigkeit den Charakter einer Person verändern, sie zeigen also immer eine Auswirkung in einem selbst.

10. Träume vergrößern die Vorstellungskraft:

Einfaches Träumen verleitet dazu, in wirklich unmöglichen Größen zu träumen. Sie erweitern also unsere Möglichkeiten, uns etwas einzubilden, was so in der objektiven Welt nicht vorzufinden ist. Sie können einen inspirieren, jedoch nie dazu veranlassen, es gleichermaßen umzusetzen.

Kapitel 2: Warum sind Ziele wichtig?

Ziele sind essentiell und sollten verfolgt werden. Sie motivieren uns, besser zu werden und gestellte Aufgaben besser umzusetzen. Nur durch sie kann man erfolgreich werden. Sie nehmen eine große Rolle im Leben ein, zumal Ziele auch die ganze Denkart, Sicht- und Handlungsweise verändern können.

1. Ziele bringen Sie voran:

Wenn Sie Ihre Ziele formuliert und niedergeschrieben haben, um sie auch wirklich zu erreichen, dann bekommen Sie schon währenddessen meist die nötige Motivation zur Umsetzung Ihres Plans. Ein betiteltes Ziel ist die Repräsentation von innerem Verlangen nach einer bestimmten Sache, welches einen daran erinnert, was benötigt wird.

2. Ziele formen Objekte in Verlangen:

Wie oft sehen Sie einen materiellen Gegenstand, beispielsweise ein teures Auto oder besonders kostspielige Kleidung, und wünschten sich dann, es wäre Ihr Eigentum? Das wäre ein Punkt, an dem Sie beginnen, härter an Ihren Zielen zu arbeiten. Sie werden zur motivierenden Kraft, die Sie vorantreibt.

3. Ziele helfen dem Selbstvertrauen:

Wenn Sie beginnen, für etwas, dass Sie erreichen wollen, wirklich hart zu arbeiten, dann werden Sie sich selbst auch mehr vertrauen. Sie fangen an, zu glauben, dass Sie gewisse Dinge schaffen, wenn Sie daran festhalten. Auch durch bereits erreichte Vorgaben erhält man Selbstvertrauen. Sie vermindern, dass man selbst der Meinung ist, dass man oft scheitert, da eben diese und jene Dinge erreicht wurden. Auch Scheitern kann einen dazu bringen, umso härter zu arbeiten.

4. Ziele machen verantwortlich:

Ziele machen Sie persönlich für Ihre Handlungen verantwortlich. Sie nehmen die Verantwortung auf sich, für die Dinge, die Sie erledigen müssen, um Ihre Ziele auch umzusetzen. Sie lassen Sie an die Realität glauben und bringen Sie voran.

5. Ziele helfen dabei, das Leben in vollen Zügen zu genießen:

Ziele entdecken viele Lebensgeheimnisse. Wenn Sie bestimmte Ziele setzen, dann bejahen Sie, dass das Leben dazu ausgelegt ist, das Bestmögliche herauszuholen. Es gibt viel zu tun und zu erleben, aber viele dieser Möglichkeiten werden uns auf der Grundlage entzogen, dass sie nicht ohne unser Einwirken entstehen. Wir müssen etwas dafür tun.

Kapitel 3: Wie man sich richtige Ziele setzt

Es ist generell klar, dass die Umsetzung gesetzter Ziele zu Erfolg führt. Die meisten versteckten Möglichkeiten und Wege, die sich letztendlich als die Bestmöglichen ausdifferenzieren, offenbaren sich erst durch festgesteckte Ziele und einen starken Willen, sei es in beruflicher oder sozialer Hinsicht. Viele Menschen glauben, dass das Leben einfacher wäre, wenn man seine Ziele erreicht, seien es große Ziele und viel Aufwand oder auch kleinere Ziele und begrenzter Aufwand.

Personen, die sich viele Ziele setzen und auch einen (manchmal zu) starken Willen aufweisen, beziehen sich dabei aber oft nur auf ihre positiven Seiten, wobei sie sich selbst ein wenig verlieren. Dann erreichen sie diese Vorgaben und bemerken, dass es die Falschen waren, um das eigentlich Gewollte zu erlangen. Das resultiert daraus, das diesen Menschen nicht mitgeteilt wurde, wie genau man sich bestenfalls Ziele setzt und diese auch erreicht.

Wenn Sie folgende Punkte befolgen, werden Sie keinen ungewollten Outcome erhalten:

1. **Ihre Intentionen sollten klar sein:**

Der erste Schritt zur besseren Zielsetzung liegt darin, die Ziele nicht immer nur auf spezifische Aspekte des Lebens festzulegen. Vielmehr wäre eine gute Intention hinter allem, dass sich die allgemeine Lebensqualität (nach eigener Definition) verbessern soll. Viele Ziele haben eben bestimmte und festgelegte Aussagen hinter sich stehen, ob es ein gewisses Einkommen ist, was angestrebt wird, ein Job, ein gewisser materieller Gegenstand usw.

Sie können Ihre Ziele nicht nur auf das Ergebnis und dessen Inhalt beziehen, sondern auch auf die dahinterstehende Intention – oder wie man so schön sagt: Der Weg ist das Ziel.

2. Kreieren Sie eine Reise, um sich selbst zu finden

Setzen Sie sich lieber eine ganze Richtung, in die Ihr Leben laufen soll, unabhängig von stetig neu gesetzten Zielen. Finden Sie heraus, was genau Ihr Leben verbessert oder verschlechtert und setzen Sie sich daran angelehnt Ihre Vorgaben. Wie möchten Sie Ihren Lebensabend verbringen? Müssen Sie wirklich nur spezifischen Zielen folgen? Wäre es nicht sinnvoll, mehrere Ziele zusammenzuführen, um daran eine Verbesserung des eigenen Lebens zu statuieren?

Setzen Sie Ihre Ziele erst, nachdem Sie sich selbst befragt haben, was Sie wirklich brauchen und wonach Sie sich sehnen. Suchen Sie die Ziele, die Ihr Leben zu einer Reise machen.

3. Ändern Sie Ihr Ziel, wenn es partout nicht funktioniert:

Ein Ziel ist nur ein Weg, um sicherzugehen, dass eben dieses Leben eine Reise wird. Viele Leben sind dadurch viel entspannter, geregelter und einfach besser geworden, bei einigen zieht sich diese Reise ein ganzes Leben lang. Normalerweise übernehmen wir Ziele nur aus spezifischen, perspektiv-abhängigen Gründen, an denen trotzdem das große Ziel der Lebensverbesserung entstehen soll. Bevor Sie aber auf ein Ziel hoffen, dass Ihr Leben scheinbar verbessert, schlimmer noch eins adaptieren, dann führt dies zu nichts. Andersrum sollte man diesen Weg bestreiten. Suchen Sie Ihre persönliche Reise zu sich selbst, denn nur für Sie gibt es einen extra Weg, zu Ihrem individuellen Glück. Dazu gehören Aktivitäten, Freunde und Ihr personelles Wachstum (im geistigen Sinne) u.v.m. Ihr Ziel soll wie ein Kompass gleichzeitig ein Wegweiser sein, der Ihnen die bestmögliche Reise erleichtert.

Wenn Sie jedoch bemerken, dass Ihre gesetzten Ziele (oder deren Resultate) von Ihrer eigentlichen Richtung abweichen oder sie einfach nicht umsetzbar sind, dann ändern Sie sie so schnell wie möglich. Es beendet ja nicht gleich das eigene Leben bzw. geht es nicht immer darum, wo man letztendlich mit seinen Zielen endet, sondern welches Leben man gelebt hat. Das Leben ist zu schön, um sich auf wenig Erreichtem auszuruhen.

Kapitel 4: Wie man seine Disziplin und den Fokus hoch hält

Ob nun personeller Erfolg im Sozialen oder auch Berufsleben – vieles basiert auf Zielfokussiertheit, Selbstkontrolle und Durchhaltevermögen. Ihre Emotionen, Gedanken und Ihr Handeln und Verhalten müssen in Balance gehalten werden.

Um alle gesetzten Ziele zu erreichen müssen gewisse Dinge und Tatsachen verstanden und umgesetzt werden, dazu gehören u.a., wie Sie sich disziplinieren. Disziplin ist der Schlüssel zum Erfolg selbst. Selbstdisziplin und -bestimmung sind jedoch keine unbekannten Themen. Sie befinden sich seit Ewigkeiten im Diskurs und sind vor allem bei sehr erfolgreichen Mitmenschen weitestgehend ausgeprägt.
Aristoteles sagte einst, dass „gute Verhaltensweisen, die schon im jungen Alter geformt werden, jeden Unterschied ausmachen." Diese genannten besseren Handlungsweisen können nicht entstehen, ohne dass wir die Nötigkeit verspüren, uns selbst, unsere Denkweisen und Taten zu disziplinieren. Die meisten erfolgreichen Menschen haben verstanden, dass Disziplin das Ticket zum Ziel-Erfüllen ist. Sie sind sich bewusst, dass eben diese Sache gutes Handeln verursacht, das nicht nur dem eigenen Ziel, sondern auch der Gesellschaft nützt (bzw. nicht verschlechternd beiträgt).

Aber wie genau entsteht Disziplin? Was erlaubt einer Person, die totale Kontrolle über ihr Gedankengut und Verhalten zu haben, während andere daran scheitern? Es gibt einige Handlungsanleitungen, die Ihnen helfen, sich zu disziplinieren. Wenn Sie diese in Ihr Leben übernehmen, offenbart sich Ihnen eine Grundlage, Ihre Ziele zu verfolgen und zu erreichen.

Folgende Konzepte sollten Sie übernehmen:

1. Seien Sie dankbar!

Sie müssen immer dankbar für das sein, was Sie haben, und nicht ewig dem hinterhertrauern, was sie nicht besitzen oder nicht können. Dankbarkeit hilft uns, mehr zu tun, als wir für möglich halten. Wenn wir einmal beginnen, Dinge richtig wertzuschätzen, dann werden auch unsere Ziele näher in den Fokus rücken.

Da es darum geht, auch das eigene Leben wertzuschätzen und daraus folgend auch seine Möglichkeiten. Sie müssen die Negativität loswerden, die Ihre Selbstdisziplin schrumpfen lässt. Das versteht sich ganz einfach – Warum sollten Sie die Disziplin aufweisen, etwas durchzuziehen, wenn Sie keinen Wert im Ergebnis sehen?

Natürlich hat Dankbarkeit noch weitere Aspekte, die positiv für Ihr Leben sind. Sie vergrößert u.a. Ihre geistige Gesundheit, indem Sie solidarischer werden, Sie werden emotional stärker und vor allem hilft es Ihnen, dem Gedanken des täglichen Trotts zu entgehen, da Sie ja Ihr Leben und all dessen Seiten wertschätzen.

2. Vergeben Sie!

Wir könnten Selbstdisziplin nie ohne Vergebung erreichen. Sie verankert Positivität in unserer Natur.

Wenn Sie jemandem für etwas, was er/sie gesagt oder getan hat verzeihen, dann befreien Sie sich von der Negativität, die Sie umgibt. Streitereien und Dispute schränken Sie nur ein, sobald diese jedoch bereinigt wurden, indem Sie z.B. vergeben haben, verbessert sich Ihre Lebensqualität sichtbar. Bis Sie jedem vergeben können, ist es meist ein längerer Weg. Auch ist es gut, selbst Vergebung zu erfahren, indem Sie sich versöhnlich und zum Konsens bereit seiend zeigen. So vermindern Sie den Groll, der in der Vergangenheit lastet und Sie evtl. an der Umsetzung neuer Ziele hindert.

3. Ziele richtig setzen!

Das Hauptkonzept, welches Ihr Leben eindeutig verbessert, liegt darin, welche genauen Ziele Sie sich gesetzt haben. Im großen Zusammenhang definieren diese Ziele auch Ihre Persönlichkeit, denn es sind die Dinge, nach denen Sie streben und die für Sie wichtig sind. Sie motivieren uns allein dadurch und wir bleiben fokussiert.

Um wirklich langfristig Erfolg zu haben, sollten Sie sich auch längere Ziele setzen. Wenn Sie dies tun, bleiben Sie monatelang diszipliniert und ambitioniert, etwas zu ändern. Dabei können auch die Planung und erste Erfolge sehr hilfreich sein, die Disziplin anzukurbeln.

4. Zeit-Management ist essentiell!

Eine der besten Fähigkeiten des menschlichen Könnens ist das Management von Zeit. Davon ist der Erfolg im Wesentlichen abhängig. Sie sollten in der Lage sein, Ihre Ziele und deren Zeitumfang einzuschätzen, um zum Beispiel auf sinnlose oder zeitverschlingende Ziele aufmerksam zu werden und diese dann zu ändern oder ganz wegzulassen. Wichten Sie in Ihrem Ermessen, welche Ziele wie viel Zeit benötigen entsprechend ihrem Erfolgsversprechen. Schaffen Sie sich für das Zeit, was für Sie wirklich wichtig ist. Messen Sie Störfaktoren weniger zeitliche Aufmerksamkeit zu und Ihr Leben wird sich vereinfachen. Zudem werden Sie dadurch das Gefühl haben, Ihre Zeit sinnvoller und effektiver zu nutzen.

5. Motivieren Sie sich selbst!

Ambitioniert zu sein ist fundamental für das Erlangen von Disziplin und Fokus. Machen Sie sich die Ausmaße von Motivation sichtbar – wie viel Sie schaffen, wenn Sie Lust darauf haben und sich reinstürzen wollen, oder wenn Sie ein Thema bearbeiten, das Sie nicht interessiert. Sie müssen Ihre Ziele natürlich an Ihren Interessen festmachen – Ungewolltes ist nicht gerade motivierend. Die aufkommende Motivation bei passenden, richtigen Zielen muss unbedingt genutzt werden! Sie sind viel leistungsfähiger in solchen Momenten. Wenn Motivation dann zum Alltagsdenken wird, haben Sie alles auf dem Weg zur Disziplin erreicht.

Kapitel 5: Wie man mit positiven und negativen Angewohnheiten umgeht

In diesem Kapitel geht es vor allem darum, positive Handlungsweisen zu kreieren und zu adaptieren und Negative zu umgehen. In Ihrer Personalität sollten die Positiven dann verankert werden. Diese besseren Aspekte werden Ihr Leben verändern und Sie dazu bringen, härter an ihnen zu arbeiten. Schlechte Angewohnheiten hinterlassen ebenso viele Auswirkungen, jedoch sind diese gleichbleibend schlecht für Ihr Leben, denn sie können Sie davon abhalten, Ihre Ziele zu erreichen. Sie gefährden u.a. Ihre physische und mentale Gesundheit. Außerdem sind sie oft eine Zeitverschwendung, die Sie mit unnötigen Inhalten beschäftigt hält und vielleicht sogar noch Komplikationen verursacht.

Es ist natürlich nicht so einfach, bestehende Angewohnheiten auszurotten, vor allem, wenn sie einem scheinbar nützen. Diese sind aber nur für bestimmte Aufgaben brauchbar, insgesamt schaden Sie aber dem Leben. Rauchen zum Beispiel kann als kommunikatives Medium (Smalltalk beim Rauchen) sehr nützlich sein, jedoch bietet es in anderen Bereichen kaum einen Vorteil. Finden Sie dafür einen positiven Ersatz, der die gleichen Effekte hervorruft, jedoch nicht auch gleichzeitig viele Nachteile bringt. Wenn Sie das Rauchen als Mittel benutzen, Stress abzubauen, dann hören Sie nicht nur das Rauchen auf, sondern suchen Sie sich gleichzeitig einen Ersatz zum Stressabbau. Schlechte Angewohnheiten fußen aber immer auf einem benötigten Sachverhalt, sei es materieller oder emotionaler Natur. In ihnen äußern sich unsere Bedürfnisse. Und genau deshalb müssen sie ersetzt und nicht einfach ignoriert werden, da der Grund, also das Bedürfnis, auf dem die schlechte Angewohnheit beruht, ja dennoch existent ist, wenn die Angewohnheit beseitigt ist. Es ist auch methodisch wenig sinnvoll, da dieses bloße Auslassen meist nicht lang anhält.

Wie man schlechte Angewohnheiten loswerden kann:
Hier sind einige Ideen, die Ihnen dabei helfen, Marotten zu beseitigen und neue Handlungsweisen aufzunehmen, die sich positiver äußern.

1. Suchen Sie sich Ersatz

Suchen Sie sich eine Kompensation Ihrer bereits bestehenden, schlechten Angewohnheiten. Planen Sie das ganze zeitlich, auch wie Sie reagieren, wenn Sie Ihre bestehende Lage ohne schlechte Angewohnheit irgendwie anders meistern müssen. Da leider viele Marotten abhängig machen (und eben deshalb so schwer zu ersetzen sind), gibt es erst recht Gründe, sie abzulegen. Was genau führt Sie zu dieser Angewohnheit? Stress, Unwohlsein und gesellschaftlicher Zwang sind nur wenige Beispiele zur Begründung. Wenn Sie diesen Punkt identifiziert haben, müssen Sie versuchen, Dinge zu finden, die Sie zufrieden stellen, ohne, dass Sie die alte Angewohnheit nutzen.

2. Lösen Sie Ihre Probleme

Einfacher gesagt als getan ist der zweite Punkt: Sich von den Problemen lösen, die die schlechten Angewohnheiten verursachen. So sollte man vielleicht besser seinen allgemeinen Stress reduzieren und dann nach besseren Möglichkeiten suchen, den schon bestehenden, reduzierten Stress mit besseren Angewohnheiten auszugleichen. Dazu zählen Sport oder auch soziale Interaktionen mit Interessengemeinschaften. So vermeiden Sie, in alte Muster zu verfallen und verbessern Ihr Leben gleich mit.

3. Freundschaften sind wichtig

Es ist sehr hart, mit alten Gewohnheiten abzuschließen, wenn Sie allein sind. Versuchen Sie, herauszufinden, welche Personen Sie unterstützen und welche Ihnen vielleicht sogar schaden. Wenn jemand versucht, sich das Rauchen abzugewöhnen, und damit allein ist, dann wird es besonders hart für ihn, es wirklich langfristig zu beenden. Sie brauchen Freundschaften und soziale Interaktionen, eine Person, die Ihnen in der Angewohnheit gleicht und die ebenso etwas daran ändern will. Zusammen lässt es sich einfacher daran arbeiten.

Also, suchen Sie sich Menschen, die Ihnen gleichgesinnt sind und mit denen Sie deshalb gemeinsam aufhören können. Mit diesen Personen können Sie Ihre Erfolge zelebrieren und sich gleichzeitig Rückhalt suchen. Zu wissen, dass es da jemanden gibt, der Sie in einem besseren Licht sehen will, also ohne Angewohnheit, hilft enorm. Das kurbelt die Motivation kräftig an. Sie müssen bestehende Freundschaften natürlich nicht verwerfen, aber Sie sollten dennoch auf der Suche nach Neuen sein.

4. Umgeben Sie sich mit positiven Menschen

So ähnlich wie eben schon angedeutet können gute Menschen Ihre komplette Umwelt verändern. Versuchen Sie, mit diesen zu kommunizieren und Freundschaften zu schließen. Gute, positiv eingestellte Freunde sind ein Geschenk. Sie können Ihr Leben sehr zum Positiven ändern, indem Sie Verhaltensmuster übernehmen und so weitsichtiger handeln können. Wenn Sie nicht genau wissen, wie Sie damit beginnen sollen, dann versuchen Sie, Menschen besser zu beobachten, um herauszufinden, ob sie Gutes oder weniger Gutes planen.

5. Visualisierung

Visualisierung ist eine der besten Fähigkeiten einer jeden Person. Blicken Sie auf sich selbst in diesem Moment, der Moment, bevor Sie Ihre alten Marotten ablegen. Träume können nicht immer ausgewählt werden, sie entstehen einfach so. Ziele hingegen werden ausgesucht und festgelegt. Sind diese auch richtig ausgewählt und passen zu Ihrer Person? Stellen Sie sich vor, wie Ihr Leben ohne diese Angewohnheit aussieht und welche Chancen und Vorteile die Beseitigung bietet. Eine vor-Augen-Führung des Zustandes des erreichten Ziels bietet ebenfalls Motivation.

6. Seien Sie Sie selbst

Oft besteht der Irrglaube, dass das Beenden von schlechten Angewohnheiten die Entstehung einer komplett neuen Person initiiert. Die Wahrheit ist, dass Sie bereits Ihr besseres Ich in sich tragen, sich dem nur nicht ganz bewusst sind. Versuchen Sie also nicht, sich unendlich zu verbiegen und jemand zu werden, der Sie nicht sind. Niemand hat grundsätzlich eine böse Natur, oft werden Angewohnheiten durch Erziehung oder normative Einflüsse impliziert. Sie müssen die Dinge meist nur aus einer anderen Perspektive sehen, oder sich zumindest vorstellen können, dass andere, fundiert begründete Ansichten, auch ihren Platz finden müssen. Hören Sie nicht auf zu Rauchen und verändern sich damit, sondern kehren Sie zum früheren Zustand des Nichtrauchers zurück, denn Sie haben schon einmal genau so gelebt, wie Sie es sich vorgenommen haben. Dieses vielleicht verwirrende Beispiel soll aber beweisen, dass die besseren Lebensweisen schon so in uns existieren, man sie nur ans Tageslicht befördern muss. Natürlich schaffen Sie das! Mit Arbeit und Fokus ist das möglich.

7. Denken Sie positiv

Um positive Verhaltensmuster in Ihr Handeln aufzunehmen, muss auch zunächst die Denkweise positiver werden. Erinnern Sie sich daran, sich nicht nur auf alles Negative zu fokussieren, sondern öfter, bei gegebenem Anlass, Vorteile zu erkennen. Wenn Sie positiv denken fließt das nach und nach auch in Ihr Handeln ein. Sie werden umsichtiger mit Ihren Mitmenschen, freundlicher und hilfsbereiter, während Sie selbst auch daran Freude empfinden (sollten), schlechte Angewohnheiten zu beseitigen, auch wenn es anfangs schwierig erscheint. Es ist einfach zu verstehen, dass nicht immer alles einfach ist. Trotzdem schaffen Sie es nur, die Motivation zu halten, wenn Sie durchgehend positiv bleiben und nicht zum Schwarzmaler werden, der sich über alles echauffiert.

8. Verstehen Sie den Unterschied zwischen Träumen und Zielen

Ganz wichtig ist die in den vorherigen Kapiteln erläuterte Varianz zwischen Zielen und Geträumtem. Daran müssen Sie Ihre Reise ausrichten. Prioritäten sind wichtig, um Ziele zu erreichen, um diesem Traum, der durchaus aus einer Reihe von Zielen bestehen kann, (wenn er nicht zu unrealistisch ist,) näher zu kommen. Machen Sie sich klar, dass diese Ziele wirklich erreicht werden können, dass es sich eben deshalb schon zu kämpfen lohnt.

Bevor Sie sich für Fehler kaputt machen und vor Reue kaum schlafen können, setzen Sie sich doch einfach Ziele, aus diesem Fehler herauszukommen oder zur allgemeinen Verbesserung der Situation. Was Erfolgreiche von weniger erfolgreichen Menschen unterscheidet, ist, dass Erfolgreiche nach Fehlern meist wieder auf ihren ursprünglichen Weg zurückfinden, weise und zeitlich passend. Sie denken nach und handeln dementsprechend dann auch relativ zügig. Passend gewählte Strategien helfen wieder auf den Weg zurück.

9. Wählen Sie die richtige Richtung

Selbstreflexion ist ein wichtiger Schlüssel, um seinen richtigen Weg zu finden. Sie müssen sich selbst beurteilen können, in welche Richtung Sie im Moment gehen, welche vielleicht angebrachter wäre, ob Sie noch für Ihre Ideale stehen. Entwickeln Sie Instinkte für Ihre Veränderung oder sprechen Sie auch mit Freunden darüber. Eine Einschätzung außerhalb des eigenen Kopfes kann meist nicht schaden.

Es ist durchaus simpel, sich für Vergangenes schlecht zu fühlen und über verpasste Chancen zu philosophieren. Lassen Sie die Vergangenheit beruhen. Fokussieren Sie sich auf das Präsente, auf das Jetzt. Entscheiden Sie sich für Ihren persönlichen Plan und lassen Sie die Zukunft besser werden als die Vergangenheit. Träumen Sie nicht nur, Gutes zu tun, sondern tun Sie es! Richten Sie Ihre Aufmerksamkeit also auch auf Ihre Handlungsmuster und -Weisen.

Kapitel 6: Wie Sie Ihre Ziele und deren Prozess reflektieren

Erinnern Sie sich, dass Sie nicht bis zum Ende Ihres Ziels warten müssen, um sich zu reflektieren. Normalerweise ist es eine gute Frage an sich selbst, ob das bisher Getane gut oder schlecht war, ob Sie inzwischen schon besser leben oder nicht. Haben Sie Bedenken? Welchen Situationen begegnen Sie? Haben Sie Ihren Plan eingehalten und die Prioritäten richtig verteilt? Ihre Ziele und vor allem deren Entwicklung sind wichtige Dinge, über die Sie nachdenken sollten. Ihre Ziele sind verantwortlich für die harte Arbeit, die Sie zu deren Erledigung erfüllen müssen. Auf der anderen Seite dürfen Sie auch nicht überreagieren und alles zerdenken. Oft zeigen sich die Auswirkungen unseres Handelns erst später. Halten Sie die Dinge einfach und setzen Sie sich nicht unter Druck. Simple Schritte als kleinere Ziele ermöglichen letztendlich auch öfter Erfolg. Wenn Sie die folgenden Punkte beachten, dann können Sie die unmöglich scheinende Höhe des Erfolgs erreichen:

Fragen sind wichtig

Bevor Sie mit irgendetwas beginnen oder Ihren Plan aufstellen, sollten Sie lernen, wie man Fragen darüber erhebt. Denken Sie nach und nehmen Sie die Wichtigkeit von Zielen und deren Umsetzung ernst. Welche Ziele und Träume sollten Sie eigentlich erreichen? Um richtig an sich arbeiten zu können, müssen Sie sich außerdem fragen, ob diese Ziele auch nützlich sind, ob Sie davon nur kurzfristig profitieren oder länger.

Wieder hier das Abraten vom Zerdenken, jedoch sollten Sie die Dinge immer und immer wieder hinterfragen, ob das Hauptziel noch immer sinnvoll ist, ob ein anderes nicht besser wäre oder ob Sie in der Umsetzung erhebliche Schwierigkeiten haben oder nicht.

Nachdem Sie Ihren Plan aufgestellt haben und daran arbeiten wollen, sollten Sie sich diese Fragen zu Herzen nehmen und diese ehrlich beantworten. Sie können sich selbst schlecht etwas vorgaukeln.

- Habe ich gewisse (kleinere) Ziele schon erreicht?
- Verfolge ich auch meine persönlichen Ziele, unabhängig von dem, was andere von mir erwarten?
- Haben meine Handlungsweisen auch wirklich mit dem Ziel zu tun? Sind sie zu vereinbaren?
- Habe ich gute Quellen genutzt? Wie habe ich sie benutzt? (Bezieht sich auf Hilfsmittel; Freunde usw.)
- Bin ich noch immer in der richtigen Zeit meiner Ziele? Was folgt als nächstes?
- Bin ich mir auch der Folgen meiner Veränderung bewusst? Sind sie positiv?

Kapitel 7: Was tun, wenn ein Ziel erreicht ist?

In den vorherigen Kapiteln habe ich sehr viel über grundlegende Methoden zur Zielverfolgung gesprochen. Außerdem haben Sie gelernt, wie Sie am besten Ihr Ziel verfolgen. Sie kennen die Unterschiede zwischen Träumen und Zielen und wie sich diese auf Ihr Leben auswirken sollen. Überlegen Sie, wie Sie Ihre Denkweisen öffnen, um Erfolg zu haben. Wie wird sich Ihr Alltag wandeln?

Nun folgt noch die letzte Frage – was ist zu tun, wenn ein Ziel erreicht ist? Was ist zunächst wichtig? Welchem Weg sollen Sie folgen, der im Groben Ihre Ziele widerspiegelt? Natürlich sind dies Fragen, die fortweilend jeden ab und an beschäftigen. Viele bekommen Angst vor der Zukunft, was als nächstes wohl kommen wird. Offensichtlich muss es ja aber etwas geben, was nach dem erreichten Ziel zu spüren ist. Der erweiterte Horizont bietet keine Limits! In diesem Kapitel lernen Sie, wie Sie weiterhin verfahren, ohne, dass Angst und Ungewissheit existieren.

Es gibt gute Strategien, die es Ihnen ermöglichen, nach dem Erreichen der vorerst kleineren Ziele weiterhin Fuß zu fassen. Wichtig ist es, an seinen Idealen und positiveren Lebensweisen festzuhalten.

1. Setzen Sie sich einfach neue Ziele!

So einfach dies auch klingen mag, ist es verständlicherweise wichtig, nicht bei dem zu verweilen, was man hat. Einerseits müssen Sie sich glücklich schätzen für das, was Sie haben, andererseits müssen Sie die Möglichkeiten nutzen, die sich Ihnen bieten. Es gibt keine Begrenzung! Ihre Ziele können größer und spezieller werden, Sie müssen sich in einen ständigen Wandlungsprozess stürzen, damit Sie Ihre Ideale umsetzen!

2. Erweitern Sie Ihren Horizont!

Bleiben Sie nicht auf einer Stelle stehen und drehen Sie sich nicht im Kreis! Erweitern Sie Ihre Einsicht in und Ihre Draufsicht auf die Dinge. Engagieren Sie sich, opfern Sie auch mal Ihre Freizeit und sehen Sie sich nach Extraaufgaben um, die Ihren Zielen zugutekommen. Fordern Sie sich selbst heraus, um Ihren Weg zum persönlichen Glück zu finden.

3. Kindheitsträume sind erlaubt!

Wenn Sie mehrere große Ziele in einem größeren Zeitraum erreicht haben, können Sie Ihr Leben durchaus auch genießen! Vielleicht können Sie den Kindheitstraum erfüllen, Ihr Traumauto zu besitzen oder ein Haus zu beziehen oder gar im Ausland zu leben. Alles ist möglich! Hören Sie nicht auf, Ihre Träume zu verfolgen.

4. Nehmen Sie sich auch mal eine Auszeit!

Immer, nachdem Sie ein größeres Ziel erreicht haben, sollten Sie sich eine kurze Auszeit genehmigen. Zu viel Stress und Druck schaden und verschlimmern auch den Weg zum Ziel. Jeder braucht Pausen! Niemand ist dazu veranlagt, fortwährend kontinuierlich zu arbeiten. Das Einplanen von Unterbrechungen führt auch zur gewünschten Belohnung: Sie haben etwas erreicht! Das soll gewürdigt werden. In der Zeit können Sie Beziehungen vertiefen oder sich einfach Ihrem persönlichen Vergnügen widmen.

5. Werden Sie aktiv!

Viele Menschen bleiben nach dem Erreichen ihrer Ziele weiterhin produktiv, zum Beispiel teilen sie ihre Erfahrungen mit dem bezüglichen Subjekt. Helfen auch Sie anderen, indem Sie in Gemeinschaften arbeiten oder sich mit verschiedenen Aktivitäten auseinandersetzen. Werden Sie sozial aktiv, helfen Sie anderen dabei, ihre Träume zu verwirklichen und Ziele zu setzen. Zeigen Sie, wie Sie Ziele verfolgen und wie es auch für Ihre Mitmenschen möglich ist. Das kann Ihnen zudem helfen, bei Ihren Idealen zu bleiben.

6. Bereuen Sie nichts!

Selbst wenn Sie einige Zeit Ihres Lebens an bestimmte Sachen verschwendet haben – es sollte jetzt keine Zeit des Bereuens kommen. Jeder Fehler sollte als Anstoß für Besseres stehen, Sie daran zu erinnern, was eigentlich Ihre Ideale waren und wie genau die Ziele erreicht werden sollten. Da meist der Weg auch das Ziel ist, sollten Sie besonders Wert auf die Route legen. Ob auf gutem oder schlechtem Pfad - der Weg zum Erfolg ist eben nicht egal, allerdings ist jeder Weg der richtige, sonst würden Sie nicht schon dort stehen wo Sie jetzt sind.

Schlusswort

Abschließend möchte Ich mich noch einmal von ganzem Herzen bei Ihnen bedanken.

Mit dem Erwerb dieses Ratgebers haben Sie mir gezeigt, dass Sie Vertrauen in mich, meine Erfahrungen und meine Arbeit gesetzt haben.

All das Wissen habe Ich mir über die Jahr mühsam angeeignet und versuche dieses nun so gut und verständlich wie möglich Ihnen mit auf den Weg zu geben. Ich hoffe Ich kann Sie damit auf Ihrem Lebensweg unterstützen!

Ich hoffe, dass Sie einiges aus diesem, bewusst kurz gehaltenen Ratgeber, der alles knackig auf den Punkt bringen sollte, mitnehmen konnten und mit den Inhalten, Tipps und Tricks positive Veränderungen erzielen können.

Über ein Feedback Ihrerseits, mittels einer Bewertung auf Amazon, würde ich mich sehr freuen und es sehr schätzen!

Ich wünsche Ihnen für Ihre Zukunft alles erdenklich Gute und hoffe Sie auch weiter auf Ihrem Weg, mit meinen Erfahrungen und Tipps, unterstützen zu dürfen.

Herzlich grüßt,

Falko Drachenberg

Bonus-Kapitel:

Um meine Dankbarkeit noch ein bisschen mehr zum Ausdruck zu bringen möchte ich Dir hier einen kleinen Ausschnitt aus meinem Buch: **Stoffwechsel beschleunigen** kostenlos schenken. Den Link zum Buch findest Du auch nach diesem Kapitel unter den Büchern des Autors. Viel Spaß!

Kapitel 6: Geheimtipp Bulletproof

Das vorige Kapitel richtete sich vor allem an die Leute, denen es schwerer fällt ihre Ernährung umzustellen. Es gibt aber noch eine viel bessere Methode den Stoffwechsel anzuregen und ihm gleich am Morgen die benötigte Energie für den Tag zu geben: Der Bulletproof-Kaffee!

Der Bulletproof-Kaffe ist ein ganz besonderes Getränk welcher aus der, in Amerika berühmten, Bulletproof-Diät stammt. Die Diät lehnt sich vor allem an die bekannte Methode des intermittierenden Fastens an. Auch die Ketogene Diät vertritt ungefähr dieselben Ansichten wie der Begründer der Bulletproof-Diät! Vor allem geht es um eines,... am Morgen keine Kohlenhydrate zu sich zu nehmen oder am besten gar nichts zu essen und den Bulletproof Kaffee wirken lassen. Warum Kohlenhydrate den Stoffwechsel eher bremsen, wissen Sie bereits. Was kann aber dieser besondere Kaffee für die Beschleunigung unseres Verwertungshaushaltes tun? Dafür schauen wir uns zuerst einmal seine Zubereitung an:

Die Zubereitung von einem Bulletproof-Kaffee ist sehr einfach. Man nehme gewöhnlichen Filterkaffee und fügt 2 Esslöffel Butter (Laut dem Erfinder ist die beste Butte hier in Deutschland KerryGold) und 1 Esslöffel MCT-Öl oder Kokosöl hinzu. Das ist das Grundgerüst des Wachmachers. Man kann ihn natürlich auch noch mit Geschmackstropfen, Stevia oder Proteeinpulver verfeinern, wenn man will.

Was macht diese Zusammensetzung so besonders?
Auf der einen Seite enthält Kaffe bekannter weise Koffein
welches schon alleine den Stoffwechsel kurzfristig ankurbelt.
Koffein sorgt vor allem dafür, dass die Fettdepots als
Energiequelle für den Körper genutzt werden. Nach der
Einnahme von Koffein werden die Blutgefäße erweitert. Der
Herzschlag erhöht sich und damit wird auch die Durchblutung
aller Organe verbessert. Das hat auch einen gesteigerten
Kalorienverbrauch zur Folge! Wer also seinen Kaffee ohne Milch
und ohne Zucker trinkt, kurbelt nicht nur seinen Stoffwechsel an,
sondern fördert auch noch die Fettverbrennung durch den
erhöhten Kalorienbedarf. Außerdem beeinflusst das Coffein
unseren Atemrhythmus. Unsere Bronchialgefäße werden
erweitert, die Atmung beschleunigt. Dadurch wird auch unser
Gehirn besser durchblutet und wir bekommen eine höhere
Konzentrationsfähigkeit! Außerdem wirken im Kaffee
Flavonoide, Chlorogensäuren, Resveratrol oder Melanoidine im
Körper als Antioxidantien. Sie schützen unseren Organismus vor
freien Radikalen und sind dafür bekannt, diversen Krankheiten
vorzubeugen.

Koffein wirkt ebenfalls appetithemmend und kann dazu genutzt
werden, Heißhungerattacken zu unterbinden. Ferner ist er auch
als Verdauungshilfe bekannt. Nach einer guten Tasse Kaffee oder
Espresso wird die Magensäureproduktion angeregt und Magen
und Darm kommen richtig in Schwung.

Jetzt kommt die Wunderwirkung des MCT-Öl in Kombination mit
der Butter zum tragen! Normalerweise wirkt Koffein sehr stark,
schnell und kurzfristig. Das MCT-Öl liefert nicht nur gute Omega-
3-Fette, es sorgt auch dafür, dass das Koffein vom Körper
langsamer aufgenommen und genutzt wird. Damit wird die
positive Wirkung von Koffein auf den Stoffwechsel nicht nur
verstärkt, sie wird auch von einer kurzfristigen Wirkung auf eine
langfristige Wirkung gesteigert. Damit ist der Bulletproof mein
absoluter Topfavorit und Geheimtipp für eine Ankurbelung des
Stoffwechsels geworden. Er schmeckt acuh erstaunlich gut!

Natürlich gibt es auch andere Getränke solcher Art, für die Nicht-Kaffeetrinker. Grüner Tee zum Beispiel ist eine gute Alternative zum Bulletproof Kaffee! Der Tee enthält ebenfalls Koffein und kann auch mit anderen nützlichen Substanzen für den Stoffwechsel nützlich sein. Eine etwas exotischere Teesorte, wäre übrigens auch der Maate-Tee.

Weiter Bücher des Autors:

Stoffwechsel beschleunigen: Entdecke das Geheimnis optimaler Energieverwertung und rapider Fettverbrennung

Disziplin: Entfessle Deine ultimative Willenskraft und mache endlich Schluss mit den Ausreden

Fokus: Maximiere Dein Potenzial durch felsenfeste Konzentration und eine konkrete Einstellung

Rechtliches und Impressum:

Ich bin stets bemüht, alle Informationen und Angaben in diesem Buch korrekt und auf dem neusten Stand zu halten. Leider ist es trotzdem nie vollkommen ausgeschlossen, dass Fehler und Unklarheiten entstehen. Aus diesem Grund übernehme Ich keine Gewähr für Aktualität, Richtigkeit, Qualität und Vollständigkeit dieses Werkes. Für Schäden die durch die (Nicht-) Nutzung dieser Informationen, sowohl mittel- als auch unmittelbar entstehen, hafte Ich nicht. Für Hinweise auf Fehler und Unklarheiten wäre Ich Ihnen sehr dankbar!

Falko Drachenberg wird vertreten durch:
Daniel Karnatz
Tiefer Weg 22
01689 Weinböhla
karnatzdaniel@gmail.com

www.ingramcontent.com/pod-product-compliance
Lightning Source LLC
Chambersburg PA
CBHW061236180526
45170CB00003B/1327